मधुमेह समस्या और समाधान

डॉक्टर राधेश्याम शुक्ल

Copyright © Dr. Radheyshyam Shukla
All Rights Reserved.

ISBN 978-1-63781-731-5

This book has been published with all efforts taken to make the material error-free after the consent of the author. However, the author and the publisher do not assume and hereby disclaim any liability to any party for any loss, damage, or disruption caused by errors or omissions, whether such errors or omissions result from negligence, accident, or any other cause.

While every effort has been made to avoid any mistake or omission, this publication is being sold on the condition and understanding that neither the author nor the publishers or printers would be liable in any manner to any person by reason of any mistake or omission in this publication or for any action taken or omitted to be taken or advice rendered or accepted on the basis of this work. For any defect in printing or binding the publishers will be liable only to replace the defective copy by another copy of this work then available.

मेरी पूजनीय माता को समर्पित

क्रम-सूची

प्रस्तावना

लेखक की कलम से -

प्रस्तुत संक्षिप्त पुस्तक के लेखन में मेरी पूज्यनीय माताजी स्व. श्रीमती शिवपती शुक्ला जिनका स्वर्गवास मधुमेह तथा हृदयाघात से 17 अप्रैल 2009 में हुआ। इससे मुझे बहुत ही आन्तरिक पीड़ा हुई परन्तु संतोष इस बात से मिला कि उन्होंने 100 वर्षों का अपना निर्वाध जीवन सुखमय रूप से जिया।

मैं अपने श्रद्धेय बड़े भाई श्री रामसुन्दर शुक्ला जी जो हिन्दी भाषा के उत्कृष्ट विद्वान तथा लखनऊ विश्वविद्यालय से 1962 के परास्नातक हुए से सराहना मार्गदर्शन तथा उत्साहवर्धन प्राप्त कर पुस्तक को लिखा। मेरी धर्म पत्नी श्रीमती सुशीला शुक्ला (एम.ए.) दिल्ली विश्वविद्यालय का अपेक्षित सहयोग के लिए उनका भी सहृदय आभार व्यक्त करना चाहूँगा।

मेरा जीवन प्रारम्भ में अभाव एवं ग्रामीण परिवेश में बीता तथा मेरे पूज्य भाई साहब ने मुझे राजकीय आयुर्वेदिक मेडिकल कॉलेज पीलीभीत, उ.प्र. से 1978 में आयुर्वेदाचर्य (वी.ए.एम.एस.) की उपाधि प्राप्त करने में सहयोग दिया। आज भी ललितहरि राजकीय आयुर्वेदिक कॉलेज देश का (कानपुर विश्वविद्यालय से सम्बद्ध) प्राचीन महाविद्यालय है।

दिनांक - 3 January 2021

Author -
डॉ. राधेश्याम शुक्ल
आयुर्वेदाचार्य (वी.ए.एम.एस.)
कानपुर विश्वविद्यालय
पूर्व वरिष्ठ चिकित्साधिकारी

प्रस्तावना

उ.प्र. सरकार

भूमिका

इतिहास के साक्ष्य

सन् 1425 में मधुमेह अंग्रेजी शब्द Diabetes के रूप में प्रकट हुआ तदोपरान्त 1776 में लिवरपूल के अंग्रेज चिकित्सक मैथ्यू डाक्सन ने एक रोगी के मूत्र का परीक्षण करते हुए इसे दो भागों में बांटा और इसे वाष्पित किया। सन् 1797 में जान रोटो ने इसके उपचार के लिए एक कदम और आगे बढ़ाते हुए उपचार की औषधि की खोज की। 1921 में इंसुलिन की खोज हुई जो मधुमेह में मील का पत्थर साबित हुई। 1936 में मधुमेह रोग की दो भागों में विभक्त करते हुए इस मधुमेह (Diabetes Type I and Diabetes II) के रूप में शोध पत्र लंदन में प्रस्तुत किया गया। कालांतर में जब मधुमेह महामारी के रूप में बहुत बढ़ने लगा तो 2006 में 14 नवम्बर को विश्व मधुमेह दिवस के रूप में याद किया जाने लगा तथा इस रोग के प्रति जन जागरण करने हेतु अनेक गोष्ठियों के माध्यम प्रचार प्रसार किए जाने का फैसला लिया गया।

पावती (स्वीकृति)

कॉपीराइट अधिनियम 1976 की धारा 107 के तहत कॉपीराइट अस्वीकरण आलोचना, टिप्पणी, समाचार रिपोर्टिंग, छात्रवृत्ति, और अनुसंधान जैसे उद्देश्यों के लिए उचित उपयोग के लिए किया जाता है। उचित उपयोग कॉपीराइट क़ानून द्वारा अनुमत उपयोग है जो अन्यथा उल्लंघन हो सकता है। गैर-लाभकारी, शैक्षिक या व्यक्तिगत उपयोग उचित उपयोग के पक्ष में संतुलन का सुझाव देता है।

आमुख

डॉ. राधेश्याम शुक्ल
आयुर्वेदाचार्य (वी.ए.एम.एस.)
कानपुर विश्वविद्यालय
पूर्व वरिष्ठ चिकित्साधिकारी
उ.प्र. सरकार

मधुमेह समस्या तथा समाधान

डॉ. आर.एस. शुक्ला
बी.एस.सी., वी.ए.एम.एस.
कानपुर विश्वविद्यालय
रजि. भारतीय चिकित्सा परिषद
उ.प्र. लखनऊ
रजि. नं. 27823
पूर्व प्रभारी चिकित्साधिकारी
(उ.प्र. सरकार)

मधुमेह प्राचीन काल से हमारे देश में अपने ढंग से अपना असर दिखाती रही है, परन्तु हमारे देश के नागरिकों को तब तक एलोपैथी से इतना लगाव नहीं था, और हमारी प्राचीन चिकित्सा प्रणाली आयुर्वेद, सिद्ध योगा एवं प्राणायाम द्वारा शरीर में अद्भुत धारण क्षमता, प्रत्येक प्राणी में प्रचुर मात्रा में मौजूद रहती थी, जो किसी भी रोग से लड़ने में कारगर है और रोग प्रतिरोधक के रूप में घातक तथा जानलेवा बीमारियों को जन्म लेने से पूर्व ही धराशायी कर देती थी। बहुत पुरानी कहावत है कि लक्ष्मण को शक्ति बाण लगने पर जंगली बूटी ने संजीवनी बनकर उनकी प्राण रक्षा कर यह साबित कर दिया कि आयुर्वेदिक औषधियों में ही वह दिव्य शक्ति है मृत्यु पर विजय प्राप्त करने में सक्षम है, बशर्ते की मनुष्य प्राकृतिक नियमों का दृढ़तापूर्वक पालन करें, और उसे पर्याप्त मात्रा में संतुलित आहार, निद्रा एवं ब्रह्मचर्य का पालन करने की ईश्वशक्ति प्राप्त करें। हमारे महर्षियों को न दिव्य औषधीय तत्वों पर इतना भरोसा था कि वह इसके द्वारा रोग की चिकित्सा किया करते थे। इस औषधि उपयोग से कई प्रकार रोगमुक्ति में संशय की गुंजाइश ही न रह जाय। महर्षि चरक ने तो अपनी चरक संहिता में केवल एक बात वासा नामक औषधि के बारे में लिखा है कि -

बासानाम विद्यमानायाम आशायाम् जीवतस्ततः
रक्त पित्त, शयी कासी, कि मर्थ अवसीदति।

और इनकी औषधीय उपचारों द्वारा सतम् वर्षाणिजीवनी, की परिकल्पना प्रत्येक मानव मात्र के लिये, अनुपदेशित करते रहते थे। मधुमेह आज समाज के प्रत्येक उस व्यक्ति को प्रभावित कर रहा है जिसका आहार, विहार एवं खान पान जीवन चर्या प्रकृति के विपरीत काम कर रही हो। शारीरिक परिश्रम न करना, आलस तथा क्रोध इसके मूल कारण हैं।

आधुनिक विज्ञान में मधुमेह को Diabetic Mellitous नाम से जानते हैं। इसमें Mellitus को मिठाई या शर्बत कह सकते हैं। महर्षि सुश्रत ने 400 ईसा पूर्व इसको मूत्र शर्करा अथवा मुधमिश्रित मूत्र रोग कहा है। जाने माने आयुर्वेदिक फिजीशियन, महर्षि चरक को भी इस बीमारी की ठीक उस समय पूर्व जानकारी थी।

वर्तमान समय में विश्व में 150 मिलियन प्राणी इस जटिल बीमारी से गुजर रहे हैं। आधुनिक शोध से यह पता लगा है कि सन् 2000 तक तक करीब 176 मिलियन व्यक्ति इस बीमारी से जूझ रहे थे, बहुत से मरीजों को तो वर्षों तक पता भी नहीं चल पाता कि वह इस भयानक रोग के चपेट में आ गए हैं। प्रायः हर भारतीय केवल इस बात पर ज्यादा भरोसा करता है कि मीठे के विपरीत पदार्थ का सेवन करने से यह बीमारी नष्ट हो जाती है। शायद इसीलिए लोग परंपरागत औषधियों-गुड़मार बूटी, निम्ब एवं चिरायता आदि को चूर्ण के रूप में सेवन करते हैं। आयुर्वेद में ऐसी बहुत सी औषधियां हैं जिनके द्वारा इस रोग का इलाज किया जा सकता है।

(बापू)

पूज्य महात्मा गांधी जी का भी प्राकृतिक चिकित्सा एवं आयुर्वेद पर पूर्ण भरोसा था। बापू अक्सर कहा करते थे कि सभी भारतीयों की चिकित्सा, बहुत सरल होनी चाहिए, चिकित्सा उपकरण भी सरल होने चाहिए,

प्रत्येक भारतवासी को कम से कम 7 घंटे शारीरिक कार्य करना चाहिए। बापू भी भारतीय चिकित्सा प्रणाली से प्रभावित थे। इसे आयुर्वेद के नाम से जाना जाता है। यह आयुर्वेद चिकित्सा प्रणाली लगभग 5000 वर्ष प्राचीन औषधि विज्ञान है और यह वैज्ञानिक प्रणाली सप्त धातु (त्रिदोष) सिद्धान्त, मल यानि दोष इष्य मल के दर्शन विज्ञान एवं मौलिक सिद्धान्त के आधार पर व्यवस्थित है। आज के युग में अनुमान लगाने तथा इसको एक निर्णायक स्थिति देने के लिए अनेक प्रकार की जाँचों द्वारा मधुमेह Diabetes का पता रक्त एवं मूत्र के परीक्षणोपरान्त किया जा सकता है।

मधुमेह क्या है?

आइए इसे संक्षेप में समझ लें। हम रोज जो भोजन करते हैं इसमें कार्बोहाइड्रेट, प्रोटीन, वसा, विटामिन्स, मिनरल्स तथा जल शामिल होते हैं। जो आहार हम चबाकर खाते हैं, वह छोटी आंत से होकर बड़ी आंत में जाता है। इसमें रास्ते में बहुत से Enzymes (रस) मिल जाते हैं। पेट में यह यकृत की थैली से निकल कर भोजन को और भी सुपाच्य बना देता है। यहीं पर कार्बोहाइड्रेट शर्करा के रूप में परिवर्तित हो जाता है और यही हमें शक्ति प्रदान करता है, आंत में पहुंचकर यही शर्करा शरीर की कोशिकाओं में पहुंचती है। यही Harmone या इन्सुलीन कहलाता है और यह ग्रन्थि पित्ताशय कहलाती है। इन्सुलीन की कमी से कभी-कभी यही इंसुलिन रक्त कोशिकाओं में न जाकर पुनः रक्त में वापस चला आता है इस प्रकार रक्त में शर्करा ज्यादा हो जाती है और यह मूत्र मार्ग से उत्सर्जित होने लगती है। जब कोशिकाओं को शर्करा (शक्ति) नहीं मिलती तो ऊर्जा की शरीर में कमी हो जाती है, और मनुष्य कमजोरी महसूस करने लगता है और उसका स्वास्थ्य गिरने लगता है तथा काफी कृश तथा कांतिहीन हो जाता है। आयुर्वेद में इसे ओज का ह्रास कहा जाता है। चेहरे की चमक नष्ट हो जाती है और दिनप्रतिदिन अनेक प्रकार की कमजोरी जैसे नपुंसकता अधिक प्यास, भूख की कमी तथा पिड़लियों में दर्द होने लगता है। शरीर में रक्त शर्करा की सामान्य स्थिति खाली पेट बिना किसी भोज्य पदार्थ के ग्रहण किए 60 से 110 MgDl प्रति 100डस

रक्त मात्रानुसार रहना चाहिए। इसके पश्चात भोजन करने के 2 घण्टे के बाद यही रक्त शर्करा की मात्रा 100 मिली रक्त में 140 से 160 MgDl तक सामान्य मानी जाती है। यदि उपरोक्त सामान्य स्थिति से यह मात्रा ज्यादा पाई जाती है तो यह मान कर चलना चाहिए कि व्यक्ति मधुमेह रोग की चपेट में आ गया है, और यदि यही रक्त शर्करा (Blood Sugar) की मात्रा उससे भी ज्यादा है तो यह गुर्दों के जरिए प्रवाहित होने लगती है और कोशिकाओं में नहीं पहुँचता। गुर्दों में बढ़ी रक्त शर्करा की सम्वाहित नहीं कर पाते और यह शर्करा मूत्राशय में एकत्र होकर मूत्र में मिश्रित होकर बाहर आने लगती है। यद्‌यपि रक्त शर्करा जब तक 100ml रक्त में 180mg तक नहीं पहुँच जाती तब तक मूत्र में नहीं दिखाई देती और इंसुलिन की मात्रा कम हो जाती है।

जन सामान्य (पाठकों) की जानकारी हेतु यह बताना निहायत जरूरी हो जाता है Diabetes मधुमेह विश्व की जानलेवा बीमारियों में पांचवां स्थान रखती है। इसीलिए कहा गया है कि Diabetes is a silent killer और यह पाचवीं मृत्युदायी बीमारी बन गई है। मधुमेह निम्न बीमारियों की भी जननी है जैसे- ह्रदय रोग, पायरालाइसिस (लकवा), अन्धता (Blindness), गर्दो का फल हो जाना और यौन समस्याएँ बार-बार संक्रमण होना (Sexual problems, frequent infections) आदि। लेकिन मधुमेह से पीड़ित व्यक्ति इस तर ज्यादा धयान नहीं देते और इसे मामूली बीमारी समझ लेते हैं लगभग 80% व्यक्ति इसके बारे में बहुत दिनों तक पता ही नहीं करपाते कि उन्हे यह बीमरी भी हो चुकी है क्योंकि इसके कोई खास लक्षण नहीं प्रकट होते। यह पुस्तक लिखने की आवश्यकता भी शायद इसी लिऐ महसूस की गई कि इसके जरिए अधिक जानकारी उपलब्ध कराई जाए और इस घातक बीमारी की चपेट में आने से बहुत से लोगों का बचाया जा सके तथा एलौपैथिक एवं आयुर्वेदिक दवाओं के द्‌वारा इस से जन मानस को छुटकारा दिलाया जा सके?

मधुमेह क्यो?

यदि किसी परिवार में पूर्व में ही माता पिता को यह बीमारी रही हो तो यह अगली पीढ़ी को प्रभावित कर सकती है। इसे वंशानुगत भी होते देखा गया है। यह बीमारी पिता से पुत्र में तथा अन्य परिवार सदस्यों में भी स्थानान्तरित होती देखी गई है। यदि व्यक्ति Type II मधुमेह से पीड़ित है तो यह उनके बच्चों में भी हो सकती है। इसका औसत लगभग 25% से 30% व्यक्तियों में देखा जा सकता है। यदि इससे पति पत्नी दोनों Type II Diabetic है तो यह 75% से ज्यादा सम्भव है।

वैज्ञानिक परीक्षणें से पता चला है कि जो बच्चे बचपन में किसी वाइरस रोग से पीड़ित रहे हों, उनहे भी बड़े होने पर ह अपने गिरफ्त में ले सकती है।

Type II Diabetes में मोटापा भी इसका एक प्रमुख कारण माना गया है 30% से 40% मोटे लोगों को सामान्य व्यक्तियों की तुलना में मोटे व्यक्ति इससे प्रभावित होते देखा गया है।

यह भी देखा गया है कि जो व्यक्ति नियमित रूप से अधिक मिठाई, मिठाई युक्त अन्य खाद्य सामग्री एवं अधिक कार्बो-हाईडेªट वाली चीजों का सेवन करते है वे मधुमेह रोग से ग्रसित हो जाते हैं। ज्यादा मीठी चीजों तथा कार्बो-हाइडेट लेने वाले व्यक्ति में मोटापा बढ़ जाता है और यह शीघ्र ही अपने में Diabetes विकसित कर लेते है। साथ ही, जो व्यक्ति रेशेदार भोजन, दालों आदि का अधिक मात्रा में सेवन करते है, उन्हें मधुमेह कम होता है। एलर्जी तथा दमा की बीमारी में कुछ लोग Steroids का प्रयोग करते हैं, दमा की अवस्था भी Diabetes को जन्म देती है। मूत्र वह किहवाए Diabetes में कुछ उच्च रक्त चाप की बीमारी में दवाएँ ही जाती है उसके कारण भी यह रोग सम्भव है। इन दवाओं के अधिक प्रयोग से बचना चाहिए। कुछ दवाएं तो पोटेशियम को कम करती है। वही भी रक्त शर्करा को बढ़ा देती है। इसके लिए जीवन चर्चा भी काफी हद तक जिम्मेदार मानी गयी है। जो व्यक्ति निष्क्रिय रहते है और

शारीरिक श्रम नहीं करते, आत्म तलब है, तथा टहलने नहीं जाते, जल्दी Diabetes हो सकती हैं कभी-कभी तो पुरानी पेचिस आदि बीमारियों की जाँच कराते समय पता चलता है कि मरीज के रकत में Sugar बहुत बढ़ी हुई है।

मधुमेह के प्रकारः- मधुमेह दो प्रकार का होता है
Type I
Type II

इस वर्गीकरण में जब मरीज के शरीर में इन्सुलिन बहुत कम उत्सर्जित होती है और उसे लगभग रोज इन्सुलिन की सुइ लगानी पड़ती है और बाहर से कृतिम इन्सुलिन से इसे पूरा किया जाता है। इस मरीजों को Type I की श्रेणी में रखा जाता है। ये पूर्ण रूप से बाहरी इन्सुलिन पर निर्भर रहते है। जब इन्हे इन्सुलिन का इंजेक्शन नहीं दी जाती, तो इनके मूत्र में कीटोन आने लगता है और रक्त शर्करा भी बढ़ जाती है। ऐसी स्थिति बहुत खतरनाक हो जाती है। ऐसी हालत में मरीज पूर्ण रूपेण इन्सूलिन लेने वाला मरीज बन जाता है और आवश्यकतानुसार इसको पर्याप्त मात्रा में बाजार में उपलब्ध इन्सुलिन की सुई दी जाती है और इस प्रकार इनका जीवन निर्वाध रूप से चलता जाता है। इस अवस्था में जब कटोन की मात्रा मूत्र में अधिक आने लगती है तो Ketoacidosis होने पर, मरीज बेहोशी में चला जाता है। ऐसी हालत में सामान्य जीनव केवल इन्सुलिन की सुई लेने पर ही सम्भव हो पाता है। बच्चों में यह लगभग 4 या 5 वर्ष की अवस्था में हो सकता है, और बच्चचो की स्थिति सामान्य बनाए रखने के लिए इन्हें इन्सुलिन की सुई लगातार आवश्यकतानुसार दी जाती है।

<u>Type B or Type II DM or NiDDM</u>

ऐसी स्थति तब आती है जब मरीजों में या तो इन्सुलिन की मात्रा कम होती है या ऐसे लोग वंशानुक्रम द्वारा प्रभावित होते है। Type II मधुमेह दो प्रकार के बताए गए है। एक तो वह जो मरीज ज्यादा मोटे होते है और

दूसरे मरीज जो कम मोटे होते है।

इस प्रकार की अवस्था अक्सर 40-50 वर्ष की आयु वर्ग के व्यक्तियों में ज्यादा पायी जाती है। परीक्षणोंपरान्त ऐसा देखा गया है कि लगभग दो तिहाई लोग इसी प्रकार के मधुमेह से पीड़ित होते है। ध्यान देने की बात हे कि ऐसे रोगी अपनी रोजमर्रा के भेजन में परहेज करके अपने को स्वस्थ रख सकते है। इस प्रकार की तकलीफ को लगातार व्यायाम विभिनन प्रकार के योगासन एवं प्राणायाम द्वारा तथा शीर्षासन के द्वारा भी नियंत्रित किया जा सकता है। ऐसे रोग को उपलब्ध औषधियों के सेवन से तथा आयुर्वेदिक मधुमेहरिचूर्ण, गुड़मार बूटी एवं चिरायता मिर्च तथा मेथी चूर्ण को लगातार देकर नियंत्रित किया जा सकता है बशर्ते इनकी जाँच समय-समय पर शुगर स्तर पता करने के लिए कराया जाता रहे। इस प्रकार यदि शर्करा की मात्रा बढ़ती है तो इनको भी अन्तवों गत्वा इन्सुलिन इंजेक्शन देने की आवश्यकता पड़ सकती है।

मधुमेह रोगी के सामान्य लक्षण

मधुमेह के रोगी के सामान्य लक्षणों में कमजोरी तथा वजन का घटना प्रमुख है ऐसे में ज्यादा भूख प्यास लगना तथा बार-बार मूत्र त्याग अधिक मात्रा में काम करने के बाद थकान महसूस करना, एवं गुस्सा तथा चिड़चिडापन होना कुछ सामान्य कारण है।

Diabetes रोगी को प्रायः खास तौर पर जननांगों के आस-पास सोर शरीर में हल्की खुजली, आँखों की रोशनी में फर्क पड़ना, तथा पढ़ने और साफ देखने के लिए बार-बार नेत्र में चश्में का नम्बर बढ़ना आदि प्रमुख है। सामानय मधुमेह रोगी को पिडलियों में दर्द तथा थकान महसूस होती है तथा हाथ और पैरों में जलन सी होने लगती है।

यदि Diabetic व्यक्ति को कोई जख्म लग जाता है तो उसके भरने में सामान्य से अधिक समय लग जाता है।

उपरोक्त लक्षणें के आते ही, ज्यादातर ह्रदयगति का रूकना (Heart Attacks) विशेष कर नवयुवकों में, पक्षाघात को हो जाना, घाव का और बढ जाने तथा हाथ पैरों का काटा जाना खास तौर पर ऐडी

पर जख्म होना, जले हुए शरीर के भाग की देर में भरपायी, तथा कम दिखाई देना एवं अंधापन होना, नपुंसक हो जाना, गुर्दे के विभिन्न रोग तथा डाइलेसिस की आवश्यकता पड़ना, एक ही वस्तु दो दिखना, आदि प्रमुख लक्षण है। उपरोक्त लक्षणों के अलावा भी कुछ मुख्य लक्षण है जैसे जीवन शैली में बदलाव, खाने की आदतों में फर्क अपने मर्ज को जबरदस्ती भुलावे में डालना कि यह तो एसा है ही नहीं औरों को भी होता है। समय-समय पर जाँच न कराना आदि।

आयुर्वेद मतानुसार मधुमेह में पूरे शरीर मे शर्करा की अधिकता हो जाती है औरअक्सर रक्त में 180mgDL तक बढ़ जाने पर मूत्र में शर्करा आने लगती है।

आयुर्वेद ऐसी सम्पूर्ण चिकित्सा प्रणाली है जो हर भारतीय नागरिक को अपने देश की जलवायु खान-पान, रहन-सहन आदि की शैली भी बताता है और कौन सी ऋतु में कैसा खान-पान रहे जिससे हमारा शरीर स्वस्थ रह सके इसकी तरफपूर्ण रूपेण निर्देशित करता है, और यदि इनको अपनालें तो इसमें दो राय नहीं, कि हम सौ वर्ष तक निरोगी रह सकते हैं। आयुर्वेद के मतानुसार ज्यादा कार्बोहाइडे॰ट वाले नवीन चावल का सेवन निषेध है, तथा आलू में से प्रचुर मात्रा में कार्बोहाइडे॰ट होने के कारण, इसका सेवन वर्जित मधुमेह रोग में वर्जित किया गया है। गाय का दूध मधुमेह रोगी के लिए औषधि के समान बताया गया है। मधुमेह के रोगी में कफ के कुपित होने कारण होना माना गया है क्योंकि आयुर्वेद में शरीर के रोग ग्रस्त होने में सामान्य तौर पर बात पिर्ऑ कफ (निदोष) कोही कारण माना गया है। मधुमेह को भेदों वह माना गया है में हो धातु को कफ के समानान्तर माना गया है अज़ैर मधुमेह को वायु प्रधान रोग माना गया है। मधुमेह को वात अन्य प्रमेह भी कह सकते है।

ओजक्षय होने से शारीरिक एवं मानसिक अवस्था पर बहुत बड़ा प्रभाव पड़ता है और यह प्रभाव रूप से हृदय और धमनियों, शिराओं को प्रभावित करता है। आयुर्वेद मतानुसार 24 जोड़ी धमनियों द्वारा हृदय का रक्त संवाहित किया जाता है इसी से ओज का निर्माण होता

है।मधुमेह मुख्य रूप से ओज का क्षय करता है और धमनियों तथा शिराओं के कार्य को प्रभावित करता है।

मधुमेह और हृदय रोग को एक साथ जोड़कर देखा जा सकता है क्यों कपंइमजपमे व्यक्ति को हृदयाघात की संभावनाएं अधिक रहती है।

मधुमेह का आयुर्वेदिक पक्ष

मधुमेह का सर्वप्रथम वर्णन लगभग 3000 वर्ष पूर्व महर्षि सुश्रत और चरक संहिता में मिलता है तब से आज तक इस पर शोध लगातार चला आ रहा है कि किस प्रकार चिकित्सा द्वारा इससे सम्पूर्ण रूप से मुक्ति पाई जाए और इससे मानव की जीवन रक्षा किया जाए। परन्तु आज तक चिकित्साविद इस रोग का सही प्रमाणिक इलाज नहीं खोज सके। तात्पर्य यह है कि एक बार जिसे यह रोग अपनी गिरफ्त में ले लेता है उसे आजीवन इसे झेलना पड़ता है। एक साधारण अनुमान के मुताबिक भारत में लगभग 15प्रतिशत आबादी इस बीमारी से ग्रसित है। इस प्रकार करीब एक करोड़ सत्तर लाख व्यक्ति किसी न किसी प्रकार मधुमेह के रोगी हैं। यह रोग सभी जगह मिलता है परन्तु शहरों में घनी आबादी में गांव की अपेक्षा इस रोग से लोग ज्यादा प्रभावित हैं।

कम शारीरिक श्रम करने वाले जैसे वकीलों, अध्यापकों एवं व्यापारियों में यह अधिक पाया जाता है। आयुर्वेद के मतानुसार भय, मानसिक चिंता, क्लेश आदि भी अस्थायी रूप से मधुमेह की उत्पत्ति के कारण हैं। चरक संहिता के 17हवें अध्याय में मधुमेह का विस्तृत विवरण मिलता है। इसके अनुसार भारी और चिकनाई वाले पदार्थों का अति मात्रा में सेवन, अधिक सोना अधिक देर तक गद्दोर बिस्तर पर बैठना तथा व्यायाम न करना चिंता करना, यथा समय वमन ओर विरेचन न करने से यह रोग हो सकता है। आयुर्वेद मत से वायु के कुपित होने से अग्नाशय के लैंगर हैन्स कोष समूह का क्षय हो जाता है और शरीर स्थित शर्करा का उपयोग बंद हो जाता है। मधुमेह केवल रोगी को ही कष्ट दे, ऐसी बात नहीं बस इस रोग को उसकी आने वाली पीढ़ी को भी कष्ट झेलना पड़ता

है अनुसंधान से यह बात साबित हुई है कि यदि माता-पिता को यह रोग है तो 44 प्रतिशत संतान में भी इस रोग के होने के आसार बढ़ जाते हैं।

आज से 3000 हजार वर्ष पूर्व चरक के युग में ऐसा निश्चित कर दिया गया था कि वंश परम्परा से आया हुआ प्रमेह असाध्य होता है।

<u>रोग विकास</u>

इस रोग के होने के बाद रोगी का रक्तचाप बढ़ जाता है और शरीर में रोग की प्रतिरोधक क्षमता में कमी आ जाती है। फलस्वरूप मधुमेह की बीमारियां अधिक होने लगती है। सारे शरीर में खुजली होने लगती है। स्त्रियों में भगकन्डू तथा पुरुषों में शिशमुडशोथ पाया जाता है। रोगी को अक्सर कब्ज की शिकायत भी बनी रहती है। जांघों में नाड़ी शोध होने के कारण टांगों में अत्यधिक दर्द रहता है। पेशाब का आपेक्षिक घनत्व भी बढ़ा रहता है। इस रोग में ग्रस्त स्त्रियों में सामान्य की तुलना में गर्भपात की संभावना भी अधिक रहती है। यदि व्यक्ति विवाहित है तो उसे भी सावधान हो जाना चाहिए क्योंकि मुधमेह से नपुंसेकता उत्पन्न हो जाती है और 30 प्रतिशत रोगी संतानोत्पत्ति में असमर्थ हो जाते हैं। पुरुषत्व प्रभावित होने के कारण इन व्यक्तियों को सहवास का आनंद भी कम ही प्राप्त होता है। अनेक पौराणिक धर्म ग्रन्थों में उल्लेख मिलता है कि स्वयं गणेश जी भी मधुमेह से पीड़ित थे, इसीलिए वे जामुन तथा कैंथा का प्रयोग करते थे क्योंकि कैथा तथा जामुन दोनों मधुमेह नाशक हैं। आयुर्वेदिक ग्रन्थों में यह भी विदित है कि मधुमेह नाशक शिवा गुटिका का प्रयोग भी गणेश जी करते थे। संभवतः गणेश जी मधुमेह से ग्रसित होने के कारण ही दो पत्नियों के होते हुए भी सन्तानहीन थे। आयुर्वेद में इस रोग के (आयुर्वेदोपचार) स्थायी उपचार के लिए अनेकों अनुसंधान चल रहे हैं। जामुन के बीज, सप्तरंगी, निम्बद्धियोग, लहसुन, करेले का रस, गुड़मार की पत्ती, विजय सार आदि वानस्पतिक द्रव्यों को मधुमेह रोगियों पर किए गए प्रयोग से अच्छे परिणाम निकले हैं। औषधियों के प्रयोग से यह निष्कर्ष निकला है कि इनके प्रयोग से मूत्रगत शर्करा बन्द हो जाती है, परन्तु रक्त की शर्करा पर इनका प्रभाव कम देखा गया है। लक्षण तो शांत हो जाते हैं और रोगी स्वस्थ्य हो जाता है तथा

चेहरे पर रौनक फिर लौट आती है। इन वनस्पति पदार्थों के अतिरिकत बसंत कशमाकर रस, शिवा गुटिका तथा सप्तरंगदिवटी एवं मधुमेहपूर्ण मधुशून्य आदि दवाएं प्रचुर मात्रा में बाजार में उपलब्ध हैं। मधुर रस के विपरीत रिक्त रसीय औषधियों के सेवन से इस बीमारी में बहुत लाभ मिलता है।

आयुर्वेद में प्रयोगिक स्तर पर भले ही किसी अन्तिम सिद्धान्त तक न ही पहंचा जा सकता परन्तु आने वाले समय में इस रोग को निर्मूल करने में औषधियों द्वारा अवश्य ही सफलता मिलने की उम्मीद हैं।

मधुमेह का परीक्षण/निदान -

ऐसा माना जाता है कि जैसे ही यह प्रतीत होने लगे कि किसी व्यक्ति में मधुमेह ;कपंइमजपमेद्ध के लक्षण हैं जितनी जल्दी पुष्टि हो जाए उतना ही अच्छा है जब जल्दी रोग का पता लग जाता है उतनी ही जल्दी परहेज द्वारा इसे नियंत्रित करके रोगी की कष्ट मुक्त किया जा सकता है।

मधुमेह का परीक्षण निम्न विधियों द्वारा किया जाता हैः-

1. मूत्र परीक्षण (Urine Examination for Sugar)
2. रक्त परीक्षण (Urine Examination for Sugar)

मूत्र परीक्षण घर पर पैथोलोजी लैब में मूत्र परीक्षण द्वारा किया जा सकता है या Stip test द्वारा जो बहुत जो सी कम्पनियों में तैयार मिलती है जिसके अन्त में एक विशेष प्रकार का कैमिकल लगा रहता है और जब यह मूत्र क सम्पर्क में आता है तो शर्करा होने पर इसका रंग बदल जाता है। शर्करा रहने पर यह लाल रंग प्रदर्शित करता है।

इसे प्रयोग करने के लिए किसी पर परखनली में थोड़ा सा मूत्र एकत्र करके इस कैमिकल लगी Stip को कुछ सेकेंड के लिए इसमें डुबोते हैं।

(ii) हिलाकर Stip पर लगे अधिक मात्रा में मूत्र को हटाएं।
3. एक मिनट के बाद Stip के रंग को प्रदर्शित रंग से तुलना करते है। इससे यह निष्क्रष निकल आएगा कि शूगर है या नहीं +,++,++++, या 05%, 1%, 1.5% या 2% यह Colour Stip के आधार पर निर्धारित किया जाता है रंग - नीला, गहरा हरा, पीला हरा, भूरा, नारंगी

यह आवश्यक नहीं कि सभी मधुमेह के रोगियों में मूत्र में शर्करा की मात्रा आ ही जाए यदि रक्त शर्करा 100ml रक्त में 180mgDL से अधिक होती है तभी मूत्र में Sugar की मात्रा मालूम पड़ सकती है। यदि अधिक मात्रा में मेट फारमीन तथा ।चतपदम गोलियों का सेवन होता हो तो सही तस्वीर आना मुश्किल होता है।

वेंडिक्ट टेस्टः- इस प्रयोग में बेनडिक्ट Solution में मूत्र मिला कर गर्म किया जाता है अज़ैर जब रंग बदल जाता है जो यदि नीला, गाढ़ा हरा, पीला हरा, नारंगी है तो शर्करा की उपस्थिति मानी जाती है।

कीटोन टेस्ट के लिए भी Stip बाजार में उपलब्ध है।

जो मरीज इंसूलिन की सुई ले रहे हो उनके मूत्र को तीन-चार बार परीक्षण करानाा चहिए। वर्तमान समय में कम्प्यूटर द्वारा रक्त शर्करा का परीक्षण बहुत कम समय में किया जा सकता है। यह तीन प्रकार से कर सकते है।
1. खाली पेट रक्त शर्करा की जाँच
2. खाने के 1) घण्टे के बाद (Post Prandial)
3. रेन्डोम
(प) खाली पेट जाँच में Blood Sugar की मात्रा 60-110 60-100Mg%
(पप) भोजन करने के 11/2 घण्टे के बाद 140% तक
(पपप) रेन्डोम 160 Mg% 100Ml

रक्त शर्करा का परीक्षण ग्लूकोमीटर के द्वारा एक बूंद रक्त से तुरन्त

प्रापत किया जा सकता है।

रक्त शर्करा का औसत विवरण निम्न सारणी के अनुसारः

सामान्य स्तर FBS खाली पेट - 110mg - खाने के बाद 1 1/2 140mgDL (PP)

साधारण लेवल संतोष जनक 120 mg से 160mgDL(PP) तक

अनियंत्रित मात्रा 140 mg से ज्यादा - 200 mg से ज्यादा (PP)

<u>पैथोलोजी प्रयोगशाला द्वारा परीक्षण</u>

रक्त शर्करा मधुमेह की जाँच पैथोलोजी लैब द्वारा बहुत आसानी से की जा सकती है।

रक्त शर्करा का परक्षण एक बार खाली पेट तथा दुबारा भोजन/नाश्ता करने के दो घण्टे बाद किया जाता है। प्रायः यह देखा जाता है कि ग्लूको मीटर के द्वारा प्राप्त किया परीक्षण परिणाम विश्वसनीय नहीं होता। प्रायः हर जगह ग्लूकोमीटर द्वारा परीक्षण रक्त शर्करा मान्य है और इसमें पैथोलोजी लैब से किए गए परीक्षण में 10-15 mgDL उहक्स् का अन्तर आता है। ग्लूकोमीटर द्वारा स्वतः परीक्षण काफी आसान है।

<u>G.T.T. or Glucose परीक्षण</u>

इस परीक्षण में रोगी को 75 gram ग्लूकोज की मात्रा रक्त परीक्षण के दिन दिया जाता है इसमें खून का नमूना हर आधा घंटे पर पहले, दो घंटे पर और बाद में एक घंटे बाद किया जाता है।

यदि रक्त शर्करा 1200% से ज्यादा आती है तो इन रोगियों को Diabetes माना जाता है।

उपरोक्त परीक्षण से पूर्व रोगी अधिक मात्रा में कार्बोहाइडे॰ट लेवे और लगातार व्यायाम करता रहे बशर्ते कि वह किसी घातक बीमारी से पीड़ित न हों।

इस परीक्षण की कुछ शर्तें निम्नवत हैः-

1. परीक्षण से पूर्व 8-10 घंटे तक रोगी कुछ भी न खाए।
2. रोगी रक्त का पहला और दूसरा नमूना देने के पूर्व टहले नहीं।
3. इस समय परीक्षण के बीच वह किसी प्रकार का धूम्रपान बिल्कूल न करें। उपरोक्त ळण्ज्ण्ज्ण् टेस्ट निम्नलिखित व्यक्ति करा सकते है-

जिन व्यक्तियों को शंका हो कि वे रक्त शर्करा से ग्रसित हों चुके है या फिर इन रोगियों व्यक्तियों का परिवार मधुमेह पीड़ित रहा हो मोटे व्यक्ति जिनका शरीर स्थूल हो, ... (TB) तथा पुराने घाव वाले व्यक्ति, बहुत कम आयु में जिन व्यक्तियों को हृदयघात या पक्षाघात हुआ हो तथा जिनका .... Sugar घटता बढ़ता रहता हो वह G.T.T. करा सकते है।

Glycosilated Haemoglobine HBA IC Test जी.एच.एच. टेस्ट -

यह परीक्षण खास तौर पर गर्भावस्था वाली गृहणियों को कराने की सलाह दी जाती है वर्ष में यह परीक्षण यदि दो हो सके तो दो बार कराया जाए।

इसमें Glycosilated Haemoglobine की मात्रा 6.4% से अधिक नहीं होनी चाहिए और यदि यह बढ़ कर 10% तक पहुँच जाय तो इयके नियंत्रण की आवश्यकता होती है।

HBA IC की सामान्य अवस्था 5.2% से 6.4% की होनी चाहिए। यदि उपरोक्त सामान्य स्थिति बरकरार रखी जाये तो खतरे की आशंका बहुत कम रह जाती है।

मूत्र परीक्षण लगातार कराते रहे और इसका विवरण अपने पास रखें यदि उल्टी दस्त के लक्षण हों तो मूत्र परीक्षण Ketone के लिए अति आवश्यक है इससे मरीज को Coma (मूर्छा) बेहोश में जाने से रोके रखा जा सकता है।

यदि मूत्र में एल्ब्यूमिन मिलती है तो यह संकेत माना जा सकता है कि मरीज के गुर्दे भी प्रभावित होने जा रहे हैं। इस से ठसववक Blood Sugar को सामान्य स्थिति में रखना पड़ता है, वरना गुर्दों की खराबी शीघ्र हो सकती है। यदि रक्त शर्करा रोगी Type I रक्त शर्करा से पीड़ित है और उसे रोज इंसुलिन दी जाती है तो उसे रोज रक्त शर्करा की जाँच कराना चाहिए, न हो तो अन्य मामलों में सप्ताह में एक बार परीक्षण होना चाहिए।

मधुमेह का स्वयं परीक्षण एवं बचाव

मधुमेह के स्वयं परीक्षण करते रहने से खास तौर से ठसववक"नहंत बढ़ने तथा घटने का पता लगाया जा सकता है और यदि बढ़ रहा है तो कम कर सकते है और यदि स्तर घट रहा हो तो इसे बढ़ाकर पूरा किया जा सकता है और इसमें निक्त या मधुर से दिया जा सकता है।

इसमें गुर्दों को प्रभावित होने से बचाया जा सकता है। वह व्यक्ति जो इंसुलिन लेते है या 3-4 इंजेक्शन प्रतिदिन लगवाते है।
यह गर्भावस्था की स्त्रियों में बहुत लाभप्रद होता है। सही Blood Sugar के मापते है

s रक्त शर्करा की मात्रा सामान्य रहे
s घट व बढ़ न पाये
s रक्तचाप सामान्य रहे
s रक्त में कोलेस्ट्रोल की मात्रा सामान्य रहे, और Glycosylated Hemoglobin की मात्रा भी सामान्य रहे।

मधुमेह का उपचार

शुगर की बीमारी से निजात पाने के बहुत सी तरीके है इसलिए डाइविटीज से घबराने की आवश्यकता नहीं है। इस बीमारी से बचने के लिए जरूरी है कि रक्त शर्करा की मात्रा औसतन खाली पेट 110mgDL

तथा भोजनोपरानत 160mgDL से ज्यादा न होने पाए डाइविटीज मधुमेह को नियंत्रित किया जा सकता है और रोगी फिर से सामान्य जीवन यापन कर सकता है। बशर्ते कि वह निम्नलिखित खास बातों को अपने दिमाग में हमशा रखे और उनका पालन करता रहे।

<u>आहार-</u>अपने देश में मुख्य खान-पान दालों एवं कार्बोहाइडे^aट पर निर्भर करता है जो कि हमारे शरीर को 65 से 68ः कैलोरी (ऊर्जा) प्रदान करते है और शरीर बढ़ती हुई प्रत्येक किलोग्राम चर्बी हमारे शरीर को कमजोर और जीवन को कम करती है।
अन्ततः मोटापा के कारण जीवन खतरे में पड़ने लगता है और शरीर भी एक बोझ सा लगने लगता है।
बढ़ी हुई चर्बी (वसा) हृदय रोग को बढ़ावा देती है। दूध में जो चर्बी पायी जाती है उसे सेचुरेटेड फैट कहते है। यह शाकाहारी स्रोतों जैसे कार्न, सन फ्लावर सोबीन के तेल आदि से प्राप्त होती है।
मधुमेह के रोगी को घी का प्रयोग बहुत अल्प मात्रा में करना चाहिए।
शाकाहारी खाने में मुख्यतः दालें, सब्जियाँ एवं ताजे फल लेना ही श्रेसस्कर होगा क्योंकि फलों में कोलेस्ट्रोल की मात्रा कम होती है और फाइबर ज्यादा होते है।

ऐसा देखा गया है और शोध से पता चलता है कि मांसाहारी खाने में चर्बी अधिक होती है और फाइबर कम होता है जोकि ज्यादा हानिकारक है। फाइबर युक्त भोजन हमारी आंतो में ग्लूकोज को कम और बवशोषित करता है और इससे कब्ज की बीमारी कम होती है। जिन व्यक्तियों को गुर्दों की बीमारी हो उन्हें खान-पान में प्रोटीन की मात्रा को कम करना पड़ता है क्योंकि एकसी हालत में प्रोटीन फायदे के बजाय हानि अधिक पहुँचाता है।

करेले का ताजा जूस, नीम की पत्तियों का जूस शुगर की बीमारी को कम करते है या यूं समझा जा सकता है कि मधुर का उल्टा कटु तिक्त पदार्थ का सेवन ही इस मर्ज का उपचार है तिक्त पदार्थो के सेवन से कम से

कम 10% रक्त शर्करा बहुत आसानी से नियंत्रित की जा सकती है। इस बीमारी में काली मिर्च कटु तिक्त रस तथा अजवाइन काफी लाभप्रद है। रक्त शर्करा के रोगी को नमक का सेवन भी कम करना चाहिए। ग्वारफली जिसे कर्बोटाड भी कहते है खाने के आधे घंटे पहले खाने से रक्त शर्करा की मात्रा को कम किया जा सकता है। ग्वारफली के सेवन से मधुमह नियंत्रण में काफी सहायता मिलती है।

स्वास्थ्य के लिए जरूरी है कि हम अलग-अलग प्रकार के भोज्य पदार्थ खाए। मधुमेह में चीकू, केले, एवं अंगूर का प्रयोग न करें। रोटी बिना घी की फली, एवं फलियां कम चर्बी (वसा) वाला दूध व दही प्रयोग करना उचित है। मधुमेह के रागी को दिन भर में कम से कम 8 से 10 गिलास पानी अवश्य पीना चाहिए।

मधुमेह (Diabetes) में शराब का सेवन वर्जित है। बिना चीनी मिठाई वाले शीतल पेय .... लेना चाहिए। गर्म पेय पदार्थ में चाय या काफी में चीनी के स्थान पर अदरक या Sugar की गोलियों का प्रयोग किया जा सकता है। खाने में तेल या वसा नहीं डालना चाहिए। कम कैलोरी वाला दूध और दही का सेवन करना चाहिए। तलने के बजाय ग्रिल करना बेहतर होगा। आहार विशेषज्ञ के बजाय तैयार चाट के हिसब से आहार लेना चाहिए। मधुमेह की बीमारी से बचने का सबसे कारगर तरीका है रक्त की जाँच में शर्करा स्तर सामान्य से कम ज्यादा आने से चिकित्सक की सलाह अवश्य लेना चाहिए। यदि इसमें जरा भी लापरवाही हुई तो आगे चलकर आंखों की रोशनी स्नायु तंत्र या गुर्दे और दिल की बीमरियों का खतरा हो सकता है। समय रहते चिकित्सा विशेषज्ञों के सम्पर्क में आकर आप अपने खान-पान में मामूली बदलाव करके एवं कुछ दवाएं इस्तेमाल करके बड़े खतरों को खुद ही दूर कर सकते है। डाक्टरों की राय में रक्त शर्करा या मधुमेह का रोगी यदि ज्यादा से ज्यादा जानकारी रखता है तो वह मर्ज से लड़ने की ज्यादा क्षमता रखता है और डाइबिटीज जैसा रोग उसका कुछ भी नहीं बिगाड़ सकता कहा भी गया है, चिकित्सा से ज्यादा बचाव और जागरूकता लोगों की रक्षा कर सकते है। जब एक

जागरूक मरीज अपने इलाज के प्रति पूरी तरह से सचेत रहेगा तो वह किसी भी बीमारी पर अंकुश रख सकता है चाहे वह, डाइबिटीज हो अथवा कैंसर या जानलेवा एड्स ही क्यों न हो।

यह बात एकदम सही है कि रोग के प्रति सतर्कता एवं शरीर की धारण क्षमता हो और मरीज में रोग प्रतिरोधक क्षमता हो तो शायद उसे इलाज की आवश्यकता ही न पडे।

1. वजन पर ध्यान दे

यदि शरीर काफी स्थूल होता जा रहा है तो कोशिश होनी चाहिए कि, वजन घटाया जाय। आम तौर पर यह तय पाया गया है कि जो लोग शारीरिक श्रम करते हैं उनमें वजन बढनें की प्रवृत्ति होती है।

मधुमेह का शिकार वयक्ति यदि अपने वजन का 5.7% प्रतिशत भी कम करे तो उसे डाइबिटीज होने का 50% खतरा कम हो जाता है। परन्तु यह एक अपवाद है और डाइबिटीज मोटे पतले बच्चे युवा, वृद्ध किसी को भी हो सकता है। इसलिए सक्रिय रहना चाहिए। नियमानुसार हर दिन यदि आधा घंटे भी व्यायाम या योग किया जाय तो डाइबिटीज का खतरा न के बराबर रहता है। घर के छोटे मोटे काम खुद करने, सीढ़ी चढ़ने उतरने या पैदल चलने की आदत हो तो जॉगिंग करने या पार्क में जाने की जरूरत नहीं रहती है।

जिन लोगों के परिवार में बुजुर्गों को डाइबिटीज होती रही हो, उन्हें इस से बचने के लिए अतिरिक्त सावधानी बरतने की जरूरत होती है क्योंकि मधुमेह वंशानंवंश क्रम के अधार पर भी व्यक्तियों पर अपना बुरा असर डालती है। पूर्व में परिवार में माता-पिता को यदि यह बीमारी रही है तो उनके पुत्र, पुत्रियों को अपना रक्त परीक्षण (खाली पेट) एवं भोजनोपरान्त कराते रहना चाहिए और अपने शुगर लेवेल को नियंत्रित रखने का जतन करते रहना चाहिए। शुगर लेवल की मानीटरिंग से यह संभव है। शुगर लेवल का चार्ट देखकर कोई भी व्यक्ति/विशेषज्ञ या

मेडिकल जनरलस या बेबसाइट से स्वयं ही इसे नियंत्रित रखने की हिदायते ले सकते हैं। किसी भी इस गलत फहमी में कतई नहीं रहना चाहिए कि इंसुलिन का स्तर ऊँचा होने से डाइबिटीज नहीं होगी वास्तव में डाइबिटीज का होना या न होना इंसुलिन के स्तर पर नीहं बल्कि उसकी प्रभावशीलत पर निर्भर करता है। इंसंलिन का स्तर उन लोगों में हो जाता है जो छोटे शहरों से महानगरों या दूसरे देशों में जाकर बस जाते है और उन्हे स्वयं को अलग जीवन शैली में ढ़ालना पड़ता है। यदि ऐसी परिस्थिति पैदा हो जाए तो शुगर परीक्षण ही मात्र एक विकल्प है।

<u>डाइबिटीज गर्भावस्था में</u>

गभर्वती महिलाओं को डाइबिटीज हो जाने पर कुल कैलोरी का 15 या 20ः वासयुक्त भोजन ग्रहण करना चाहिए। इस लिहाज से खाने में जैतून का तैल या सरसों का लेना चाहिए परन्तु तर भोजन जैसे वनस्पति, देशी घी, तला-भुना खाना पेस्ट्रीज आदि खाने से परहेज करना चाहिए। गर्भवती महिलाओं को डाइबिटीज से बचने के लिए हर तीन-चार घंटे के बाद कुछ न कुछ खाते पीते रहना चाहिए। मितली आने और कमजोरी जैसे लक्षणों से निजात पाने के लिए सुबह-सुबह कार्बोहाइडेट से भरपुर भोजन लेना फायदेमंन होता है। गर्भवती महिलाओं का मिर्चा एवं तले-भुने मसालेदार भोजन से परहेज करना लाभप्रद रहता है।

गर्भवती महिलाओं में रक्त शर्करा का अल्प कालिक प्रभाव भी होता है और इसका असर जन्म लेने वाले शिशु पर भी सीधे तौर पर पड़ता है और इसका पता गर्भधारण के 28वें सप्ताह तक चलता है। इन उपरोक्त का चिकित्सा उपाय तो है ही, साथ ही, खान-पान में मामूली बदलाव लाकर भी तथा नियमित टहलने से काफी फायदा उठाया जा सकता है।

अपने स्वास्थ्य का पता कुद आसान उपायों द्वारा भी लगाया जा सकता है।

<u>अपनी वर्तमान जीवन शैली की महिलाएं इस प्रकार जाँच करेंः-</u>

1. क्या आपका वजन सामान्य से ज्यादा है?
2. क्या सीढ़ियाँ चढ़ने पर आपकी सांस फलने लगती है?
3. क्या आप अपने रोजमर्रा की तनावभरी जिंदगी में से अपने लिए कुछ समय निकाल पाते हैं?
4. क्या आप अपने खाने में फल सब्जियों और विभिन्न खाद्य पदार्थों का सामंजस्य बैठा पाती हैं?
5. क्या आपको पूरी नींद आती है?
6. क्या आप थकान महसूस करती है?

अच्छी जीवन शैली प्राप्त करने के लिए आपको निम्न लक्ष्यों को प्राप्त करना बेहद जरूरी है-

1. वजन कम करना
2. संयमित एवं संतुलित आहार लेना
3. बिना सांस फूले सीढ़ियों पर चढ़ने में सक्षम होना।
4. अपना रोजमर्रा का काम बिना थकावट करना।

अच्छे स्वास्थ्य की कार्य योजना

लक्ष्य को मानने के बाद अगला कदम है कार्य योजना बनाने का अपने लक्ष्य को हासित करने के लिए आपको स्टैकल उपाय कारगर साबितहो सकता है इसलिए अपने स्वास्थ्य के लक्ष्य का जाने एवं उसे संतुलित रखने के लिए प्राथमिकता के आधार पर एक सूची बनाना चाहिए-

s लचीले पन का बढ़ाएं
s प्रातः भ्रमण पर जाए
s नाश्ते में फल खाए

प्राथमिकाता के आधार पर ऐसी सूची बनाना चाहिए जो स्वास्थ्य के लक्ष्य के प्राप्त करने में मददगार हो।

मधुमेह से पीड़ित तथा अस्वस्थ व्यकित अपनी प्रगति पर हमेशा नजर

रखे कि कही वह किसी प्राकर के इन लक्षणों से प्रमाणित तो नहीं हो रहा है। इस बात पर विचार करने की आवश्यकता है कि क्या हम शुरू करने के बाद लम्बी दूरी तय कर पाते हैं? क्या पर्याप्त पानी पी रहे है? इस तरह की प्रगति जानने से लगातार प्रोत्साहन मिलेगा। इस बारे में बिल्कुल नहीं सोचना चाहिए कि लक्ष्य कैसे हासिल होगा। एक बार फैसला करने के बाद पूरी तरह इसे सफल बनाने में लग जाना चाहिए।

हमेशा लिफ्ट के स्थान पर सीढ़ियों का प्रयोग करें।

खेल की शुरूवात उस खेल से करें जिसके बारे में आप सिर्फ सोचते थे। घर के काम को पूरी ऊर्जा के साथ करें। लक्ष्य को हासिल करने में वक्त लगता है परन्तु इसमें टाल-मटोल नहीं करना चाहिए धीरे-धीरे (चरणबद्ध तरीके से) अपने लक्ष्य को प्राप्त करने की कोशिश करें। पूरी दुनिया को एक दिन में जीतने का प्रयास नहीं करना चाहिए।

हृदय रोग की जागरूकता-

डाइबिटीज के मरीजों में अन्य व्यक्तियों को तुला में हृदय रोग के खतेर ज्यादा रहते हैं इसलिए हृदय रोग के खास खतरे एवं उनकी रोकथाम के बारे में जानलेवा भी आवश्यक है।

मोटापा- कुल शारीरिकन्यास में और जो वाकई ज्यादा ही मायने रखता है वह है पेट का मोटापा

रक्त शर्करा- बिना खए पिए 70-110उह च्स्

धूम्रपान-

s उच्च रक्त चाप (120/180) तक सामान्य

s बढ़ा हुआ कोलेस्ट्रोल (कुल कोलेस्ट्रोल) (200उह)क्स् से ज्यादा

s ट्राइली कैरोइट्डस 150उह........... से ज्यादा है।

s हाइडेसिटी लिपोप्रोटीन 100उह से कम होना हानिकारक है।

हृदय संबंधी बीमारी की पारिवारिक पृष्ठ भूमि-

अनियमित जीवन चर्या एवं तनाव

साउथ इंडियन हेल्थ एनीसिएटिव सेंटर पर एग्रीमेन्ट हेल्थ तथा NGO स्कूल ऑफ मेडिसिन के एक कार्यक्रम द्वारा हृदय की देखभाल एवं इसे स्वस्थ रखने के निम्नलिखित कुछ उपाय सुझाए गए है:-

s गरिष्ठ खाने एवं मिठाई के बजाय फल का सेवन करें।
s दिन में तीन बार भरपेट भोजन के बजाय थोड़ा-थोड़ा (भले ही छः बार खाएं) खाने में नमन का प्रयोग बहुत कम करें।
s मीट को चिकनाई वाली तरी के बजाय भूनी हुई टिक्की के रूप में खाएं।
s भुने समोसे तथा सिके हुए पापड़ों का प्रयोग करें न कि तले हुए।
s पैकेट बंद पदार्थों या पैक दालों का प्रयोग न करें।
जलन, दर्द, ऐंठन से उत्पन्न शरीर के जोड़ों की समस्या को अर्थराइटिस कहा जाता है। इससे शरीर के वजन उठाने वाले जोड़ों, नितम्ब, घुटने, रीढ़ कंधे और गर्दन पर असर पड़ता है। व्यायाम छोड़ देने से शरीर कमजोर और समस्या विकराल हो जाती है।

साधारण उपाय -

s वजन बढने से जोड़ों पर दबाव पड़ता है शरीर इच्छा करने के लिए अच्छी खुराक लें।
s सही तरीके के जूते पहने इससे पूरा आराम एवं सुरक्षा रहती है।
s गर्म स्नान, आइस पैक या हीट पैउ से जोड़ों का दर्द कम होता है।
s शरीर के संकेत सुनने का प्रयास करें और विचार करें किकब रुकना है और कब चाल को धीमी करना है।
s उपचार व्यक्ति की जरूरत उसकी जीवन शैली और स्वास्थ्य के हिसाब से तय किया जाता है। इसके चार मुख्य लक्ष्य होना चाहिए।
s दवाओं और अन्य तरीकों द्वारा दर्द नियंत्रण
s आराम और हल्क व्यायाम द्वारा जोड़ों की देखभाल करना शरीर का वजन संतुलित रखना
s स्वस्थ जीवन शैली अपनाना

बेहतर व्यायाम के उपाय -

लो इम्पैक्ट कार्डियोलॉजिकल व्यायाम करें। वार्किंग तथा स्वीमिंग भी की जा सकती है। यह भी कटु सत्य है कि जरूरत से ज्यादा व्यायाम भी हानिकारक हो सकता है युवा तथा खूबसूरत महिलाओं के बारे में

तो यह और भी जरूरी है कि वह आवश्यकतानुसार ही व्यायाम करें, ए.सी.सी.एल. (अमेरिकन कॉलेज ऑफ स्पोटर्स मेडिसिन) के अनुसार ज्यादा व्यायाम के कारण भी परेशानियों ज्यादा हो सकती हैं। उपरोक्त कॉलेज लड़कियों को और महिलाओं की फिजिकल एक्टीविटीस तथा खेलों में भाग लेने के लिए प्रोत्साहित करता है हालांकि 1992 में एसोसिएशन ऑफ डिस आरडर इटिंग, एम्सेरोइया तथा ओस्टोपोरोसिस में देखा गया है कि पतली होने के लिए भी जाने वाली शारीरिक गतिविधियों में फीमेल एथेलीट टायड होता है। ए.सी.सी.एम. एथलीटों में होने वाले भोजन असुंतलन के बारे में कहा था कि वह एथलीटों में खर्च की जाने वार्ली ऊा को खाने के संतुलित आहार कर पाने के कारण होता है।

थायरा में को लड़कियों में मुख्यतः तीन बातों द्वारा जाना जा सकता है।

1. पर्याप्त ऊर्जा की कमी
2. मासिक धर्म अनियमित होना
3. ओस्टोपोरोसिस (हड्डियों की कमजोरी की अवस्था)

बुढ़ापा और डाइबिटीज

यह रोग अक्सर 50 साल की उम्र पार करने के बाद शारीरिक बदलाव के साथ अपना रंग दिखाना शुरू करता है इसमें शरीर का ओज (चमक नष्ट होने लगता है) शरीर सूखने लगता है और चेहरे पर झुर्रियों का हमला होने लगता है आइने में अपने को देखकर हैरत होने लगती है लेकिन बढ़ती उम्र से परेशानी कैसी यदि हम अपने आहार विहार तथा योगावस्था की कुछ कुरीतियों बुराइयों को छोड़ दें मसलन धूम्रपान तथा मदिरा पान आदि किसी शायर ने कहा है कि उम्र का बढ़ना दस्तूरे जहां है, महसूस करो तो बुढ़ापा कहां है। इसके लिए जरूरी है कि अपने को फिट रखा जाय क्योंकि इस उम्र में यदि आप बीमारियों से घिर गए तो निकल पाना बेहद मुश्किल है। इसके लिए कुछ खास बातों का ध्यान रखना परम आवश्यक है।

1. खानपान -

आप दिनभर क्या भोजन करते हैं इसका प्रभाव सीधे आपके त्वचा पर पड़ता है ऐसा भोजन जिसमें कार्बोहाइड्रेट की मात्रा कम होती है और जो पर्याप्त मात्रा में आपके शरीर को खनिज एवं विटामिन्स प्रदान करते हैं इससे आपकी त्वचा में निखार नहीं आ पाता इसलिए जरूरी हो जाता है कि ऐसे खाद्य पदार्थों का सेवन करें जिससे खनिज तथा विटामिन्स पर्याप्त मात्रा में मौजूद हों।

एन्टीऑक्सीडेंट की अधिकता वाले खाद्य पदार्थ जैसे गाजर खुमानी तथा संतरा का सेवन करें तथा इस तरह का भोजन प्रौढ़ा अवस्था में करना लाभप्रद होता है जिसमें विटामिन ई, जिंक तथा फैटी एसिड की पर्याप्त मात्रा हों।

सबसे बड़ी बात यह है कि उम्र बढ़ने के साथ हो बहुत से लोगों को यह भ्रांति सी हो जाती है कि उनका शरीर शिथिल हो रहा है और अब बेहतर तरीके से काम नहीं कर सकते इस तरह बुजुर्गों का अपनी शारीरिक एवं मानसिक क्षमता पर विश्वास कम हो जाता है इसकी वजह से बुर्जुग अपने शरीर का ख्याल रखना कम कर देते हैं। ऐसी अवस्था में आवश्यक है कि खुद के विश्वास को कम न होने दिया जाय। जरूरी हो तो अपने बालों को नियमित अंतराल के बाद अच्छी देखभाल करते हुए डाई करें क्योंकि पहला परिवर्तन बालों से ही झलकता है। यह कहा जाता है कि मानव शरीर भगवान की अनमोल कृति है इस कृति को बेहतरीन बनाने के लिए इसे चुस्त दुरुस्त रखने के लिए हम अनवरत कुछ न कुछ करते रहना पड़ता है खास तौर पर तब जब बुढ़ापे का आभास होना शुरू हो जाए। सफाई, नियमित व्यायाम, भोजन मात्रा में कम परन्तु संतुलित एवं पौष्टिक लेने से बहुत हद तक बुढ़ापे में होने वाली डाइबिटीज तथा हृदय रोगों पर अंकुश लगा सकते हैं। भोजन में नमक की मात्रा भी कम रखना चाहिए। चिकनाई मिठाइयां एवं आलस्य त्याग कर मधुमेह को बाय बाय कह सकते हैं परन्तु एक बार शुगर का रक्त में प्रवेश शरीर से स्थाई निवास बना लेता है।

डाइबिटीज का अंग्रेजी दवाओं द्वारा इलाज

मधुमेह एक ऐसा रोग है जिसे हम, आहार, व्यायाम तथा खाने वाली औषधियों द्वारा नियंत्रित कर सकते हैं। यदि टाइप-। की डाइबिटीज है तो इस हालत में नियमित इंसुलिन के प्रयोग से इसे नियंत्रित करते हैं। इसमें कोई अन्य व्यवस्था नहीं है जिससे मधुमेह को काबू में कर लिया जाए। मरीज को डाइबिटीज से होने वाले परेशानियों तथा दवाओं के बुरे असर के बारे में बताना भी अत्यन्त आवश्यक है। यदि रक्त शर्करा का स्तर सामान्य रखा जा रहा है तो अन्य बाते नगण्य हो जाती है।

आहार -

यदि आप का आहार विहार उचित है और उचित भोजन करते हैं तो मधुमेह (Diabetes) से बचा जा सकता है इसके लिए एक आहार तालिका बनायी होगी और इस तालिका में रखे भोजन पदार्थ एवं उचित मात्रा में, भोजन लेना होगा। कार्य के आधार पर प्रत्येक व्यक्ति को कितनी कैलोरी की मात्रा लेना है यह उसके वजन तथा लम्बाई आदि पर आधारित है।भोजन में खास तत्व कार्बोहाइड्रेट, प्रोटीन, वसा, विटामिन्स, खनिज लवण आदि की मात्रा तथा पानी

1 ग्राम कार्बोहाइड्रेट में 4 कैलोरी की मात्रा में ऊर्जा प्राप्त होती है।
1 ग्राम फैट वसा से 9 कैलोरी
1 ग्राम प्रोटीन से 4 कैलोरी

यदि मोटापा अधिक है तो रक्त शर्करा नियंत्रित करने में परेशानी होती है। तदोपरान्त इससे गंभीर अवस्था आने का खतरा सदैव बना रहता है इसलिए मोटापा पर नियंत्रण भी एक आवश्यक प्रक्रिया है लेकिन यह 0.5 किग्रा. प्रति सप्ताह से ज्यादा कम न किया जाए।
हमारे भोज्य पदार्थों से हमे निम्न प्रकार की ऊर्जा प्राप्त होती है।
1. कार्बोहाइड्रेट से 50 से 60 प्रतिशत तक और यह चीनी, शहद, जैम,

आटा, रोटी, चावल तथा दुग्ध निर्मित पदार्थों से प्राप्त होता है।

प्रोटीन -

प्रोटीन लम्बाई बढ़ाने में ज्यादा सहायक होती है और यह 10 से 20 प्रतिशत ऊर्जा प्रदान करती है। प्रोटीन का मुख्य श्रोत दूध, दुग्ध निर्मित पदार्थों, मांस सूखे मेवे, अंडे तथा दालों आदि में निहित है।

वसा -

अ. वसा में हमें 30 प्रतिशत उर्जा मिलती है वसा में फैटी एसिड तथा ग्लाइसेरोल पाया जाता है। फैटी एसिड में यह प्रचुरता से प्राप्त होता है। दुग्ध निर्मित वसा, घी, मक्खन, क्रीम और कोकोनेट के तेल में अधिक मात्रा में मौजूद रहता है। जानवरों के मांस से प्राप्त वसा में कोलेस्ट्राल पाया जाता है।

ब. मोनो सेचुरेटेड फैट कई प्रकार के तैलों से प्राप्त होता है।

स. पानी अन सेचुरेडेट फैटी एसिड - सूर्यमुखी का तैल सोयाबीन का तैल मूंगफली के तेल में।

रेसेदार भोजन -

1. यह दालों, सब्जियों, फल तथा सूखे फलों से प्राप्त किया जाता है। यही रेसेदार भोजन के बाद मधुमेह को नियंत्रित करने में मदद करता है।

2. रक्त में कोलेस्ट्राल के स्तर को कम करता है। इस हृदय के रोगों के आसार कम हो जाते हैं।

3. शरीर के वजन कम करने में सहायक होता है।

शरीर शरीर को निम्न तालिका के अनुसार उर्जा की आवश्यकता होती है।

अ. अधिक स्थूल व्यक्ति को - 20 कैलोरी प्रति किग्रा. रोजाना

ब. सामान्य व्यक्ति को -30 कैलोरी प्रति किग्रा. रोजाना

स. कम वजन वाले व्यक्ति को -40 कैलोरी प्रति किग्रा. रोजाना

डाइबिटीज से पीड़ित व्यक्ति को खाने में

2 प्रतिशत रेसेदार वस्तुएं ऐसी वस्तुएं जो विटामिन्स, मिनरल्स आदि से भरपूर हो जैसे हरी सब्जियां दानेदार, फल आदि उपरोक्त का बराबर का अनुपात खाने में बने रहना चाहिए। सेकेरीन का प्रयोग बने हुए पदार्थों में बाद में डालकर खाना चाहिए परन्तु इसका उपयोग गर्भावस्था में वर्जित

है। सेक्रीन 7 गोली से अधिक दिन भर में नहीं लेना चाहिए।
अल्कोहल का प्रयोग डाइबिटीज के रोगी को वर्जित है।

फलों का प्रयोग -

निम्नलिखित फलों का प्रयोग डाइबिटीज से ग्रसित व्यक्ति को करना चाहिए। फलों का रस बहुत कम मात्रा में इस्तेमाल करना चाहिए। सलाद के रूप में सब्जियों का प्रयोग करना उचित रहता है क्योंकि इसमें कई प्रकार के विटामिन्स तथा खनिज लवण प्राप्त होते है।
दाल वाली सब्जियों का प्रयोग जैसे मटर, बीन एवं राजमा आदि का प्रयोग डइबिटीज को हानिकारक नहीं होता। इस प्रकार फलों तथा रेसेदार सब्जियों का प्रयोग अपने भोजन में कर सकते है।

वसा का प्रयोग -

यदि मोटापा कम करना जरूरी हो, तो वसाा का प्रयोग बन्द कर देना ही एक मात्र विकल्प बचता है। संस्कृत में एकक कहावत है कि मांस मासं करम् परम्, वसा के मुख्य स्रोत में विस्कुट, वसायुक्त भोजन तथा पूरे वसा युक्त दूध दही, तथा मक्खन आदि को वर्जित रखना मधुमेह में आवश्यक है क्योंकि वसा हृदय को भी प्रभावित करती है।

प्रोटीन-

मधुमेह में ज्यादा प्रोटीन की हानिकार है। इसके अन्धाधुंध प्रयोग से मूत्र में प्रोटीन की मात्रा आने लगती है। ज्यादा प्रोटीन के प्रयोग पर भी अंकुश लगाना बहुत जरूरी है। दालों का प्रयोग भोजन में आवश्यक है क्योंकि विभिन्न प्रकार की दालों में फाइबर तथा लौह तत्व की मात्रा रहती है।
मछली का प्रयोग सप्ताह में मांसाहारी मधुमेह रोगी 2 या 3 बार कर सकते है।

घी तथा रिफाइंड तेल-

जब से हमारे देश में फास्टफूड का चलन हुआ है तब से बहुत सी बीमारियों का जन्म हो रहा है जैसे गुर्दे की बीमारी हृदय रोग और मधुमेह आदि। जहाँ तक हो सके फास्टफूड से बचना चाहिए। घी, मक्खन तथा अन्य वसा युक्त भोजन भारतीय नागरिकों की पंसद रही है परनतु इसके लिए कम से कम आधा घंटा का रोज व्यायाम जरूरी है। पहले लोगों की पसंद घी तथा देशी घी से निर्मित अन्य वस्तुए रहती है परन्तु इनका

जीवन कठिन परिश्रमी था जैसा कि आज नहीं है। जहाँ तक सम्भव हो प्रत्येक मधुमेह से पीड़ित व्यकित को आहार का विशेष ध्यान रखते हुए विशेषज्ञ के मुताबिक ही अपना दैनिक खान-पान रखना वांछनीय है। आहार विशेषज्ञ आपकी जीवन चर्या के अनुसार यह पता बताएं कि आपको केसे आहार की आवश्यकता है तो उसका पालन करें।

रक्त में वसा-

वसा में संचित कोलेस्ट्रोल और ट्राई ग्लाइसेराइडस पाया जाता है जो कि शरीर में सेल वाल को बनाने का काम करता है और इसमें विटामिन्स तथा खनिज होते है। इससे संचित ऊर्जा की प्राप्ति होती है। लाइपो प्रोटीन के द्वारा ग्लाइसेराइडस तथा कोलेस्ट्रोल रक्त में पहुँचाया जाता है। मधुमेह के रोगियों में ज्यादा मात्रा में रक्त में वसा की मात्रा पायी जाती है इसकी वजह से इनमें हृदयाघात तथा हृदय सम्बन्धी अन्य बीमारियों की आशंका अधिक होती है।

हमारे शरीर में रक्त में वसा या कोलेस्ट्रोल का औसत निम्न सारणी के आधार पर होना चाहिए।

कुल कोलेस्ट्रोल - 180mgDL से कम हो

LDL Cholestrol - 100mgDL से कम

HDC कोलेस्ट्रोल स्त्रियों में 53mgDL

HDC कोलेस्ट्रोल पुरूषों में 45mgDL

ट्राई ग्लाइसेराइडस कम से कम 150mgDL तक होना चाहिए।

कोलेस्ट्रोल की जाँच ६ माह में कम से कम एक बार अवश्य होना चाहिए। कोलेस्ट्रोल को संतुलित रखने के लिए खास हिदायतें -

1. रकत शर्करा की मात्रा सामान्य हो
2. यदि शरीर अधिक स्थूल है तो कुछ वजन घटाया जाए।
3. ज्यादा वसायुक्त पदार्थों का सेवन बन्द करें।
4. देशी घी तथा डालडा के स्थान पर कड़वा तेल तथा सोयाबीन/मूंगफली के तेल का सेवन करे।
5. ज्यादा कोलेस्ट्रोल वाले खाद्य पदार्थों को न इस्तेमाल किया जाए।
6. ज्यादा फाइबर युक्त भोजन करें।

7. व्यायाम, तैरना, योग आदि से कोलस्ट्राल पर नियंत्रित किया जा सकता है।

8. धूम्रपान बन्द करें या कम करें।

उच्च रक्त चाप और मधुमेह -

डाइबिटीज के अधिकांश मरीज सामान्य व्यक्तियों की अपेक्षा उच्च रक्त से पीड़ित पाए जाते है। उच्च रक्त चाप के कारण हृदयाघात, गुर्दे के रोग तथा आँख की रेटिना का संक्रमण अधिक होने की सम्भावना पाई जाती है। जैसा कि नाम से ही अनुमान लगाया जा सकता है, ज्यादा रक्त पर दबाव पड़ने से रकत नाड़ियों के नुकसान होने तथा इनके प्रभावित होने के आसार बढ़ जाते है।

उच्च रक्त चाप (High Blood Pressure)-

उच्च रक्त चाप की स्थिति में कमजोरी, सिर दर्द, चक्कर, थकान तथा उलझन होने लगती है। ऐसी अवस्था में यथा शीघ्र चिकित्सक से सम्पर्क करके उपना रक्त चाप जाँच कराना परम आवश्यक है। ब्लड प्रेसर दो प्रकार का होता है-

1. हृदय के सिकुडने पर।
2. हृदय के विस्तारित होने पर।

औसतन रक्त चाप 130/80 सही माना गया है।

डाइविटीज में एक वयस्क का रक्त चाप - 130/80 MguHg हो।

उच्च रक्त चाप 130/80 से 140/90

मध्यम रक्त चाप 140/90 से 160/100

घातक उच्च रक्त चाप 160/100 से ऊपर

रक्त चाप के दबाव को कम कैसे करे:

1. वजन कम करें
2. घूम्रपान पर रोक लगाएं इससे रकत चाप को कम करने वाली दवाएं नहीं लेनी चाहिए।
3. मदिरा पान को कहे बाय-बाय 60 मिली. से ज्यादा रोज अल्कोहल लेने से उच्च रक्त चाप की सम्भावनाए बढ़ जाती है। यदि काम न चले

तो 30 मिली. अल्कोहल .... में दो-तीन बार लिया जा सकता है।

4. नमक का प्रयोग बिल्कुल कम यदि इसके बावजूद रक्त चाप कम न हो तो चिकित्सक से परामर्श करके दवाओं को प्रयोग किया जाए।

जीवन स्वस्थ रखने के लिए

1. शारीरिक भार सामान्य रखें।

2. अनवरत व्यायाम टहलना तथा योग आदि से रक्त शर्करा को संतुलित रखने में सहायता मिलती है।

भोजन में अपनी लम्बाई तथा वजन के हिसाब से कैलोरी आहार लेते हुए मोटापा न बढ़ने दें।

डाइबिटीज में कुछ चुनिंदा व्यायाम (Exercise)

पौराणिक आयुर्वेद ग्रंथों में महार्षि चरक (आयुर्वेदिक फिजीशियन) तथा महार्षि सश्रुत आयुर्वेदिक सर्जन ने मधुमेह की अवस्था में सतत् व्यायाम करने की महती आवश्यकता पर अपने आयुर्वेदिक ग्रंथों में बल दिया है महार्षियों ने घुड़ सवारी, लम्बी चाल से चलना तथा सभी प्रकार के खेलों की तरफ जन मानस का ध्यानाकर्षण किया है ताकि रक्त शर्करा (मधुमेह) का स्तर सामान्य रखा जा सके। आयु के अनुसार खेलों एवं व्यायाम का निर्धारण अपने डॉक्टर की सलाह पर करना ज्यादा उचित होगा। शरीरिक व्यायाम सप्ताह में पांच दिन करना चाहिए और धीरे-धीरे इसे बढ़ाना चाहिए।

कुछ ध्यान देने योग्य विशेष सलाह-

1. व्यायाम हमेशा खाली पेट करने की अपेक्षा की गई है।
2. हमेशा आराम देह एवं ढ़ीले कपडों में व्यायाम करें।
3. ज्यादा सर्दी या ज्यादा गर्मी में व्यायाम न करें।
4. लगातार व्यायाम से कैलेस्टोल घटता है।
5. योग तथा व्यायाम से शरीर चुस्त तथा फुर्ती रहता है।

कैलोरी ऊर्जा के उपयोग से शारीरिक वजन बढ़ाने में सहायता मिलती है।
नियमित व्यायाम से वजन सामान्य रखने में सहायता मिलती है।
व्यायाम से रक्त शर्करा के संतुलित करने में मदद मिलती है।

यदि किसी मधुमेह पीड़ित व्यक्ति को जोड़ों में दर्द है या वह अधिक वजन से प्रभावित है तो उन्हे व्यायाम नहीं करना चाहिए।

सीढ़ियों का प्रयोग करना चाहिए, न कि लिफ्ट का

अपने बच्चों के साथ खेलने में उत्साह अधिक होता है, बेहतर है।

यदि आपने कुत्ते पाले हुए है, तो उसको अपने साथ घुमाने ले जाए।

टहलते समय अच्छे आराम देह जूते तथा मोजों का इस्तेमाल करना चाहिए।

सामान्यतः 15 मिनट का नियमित व्यायाम मधुमेह के रोगी को ज्यादा फायदे मन्द हो सकता है।

ऐरोविक व्यायाम वांछनीय है। इसमें साइकिल चलाना, नृत्य करना, जोगिंग करना ऊपर से कूदना, दौड़ लगाना, तैराकी करना आदि शामिल है।

मध्यम गति से टहलना बहुत लाभप्रद होता है।

15 मिनट का रोज व्यायाम करना आप के स्वास्थ्य को बढ़ाने के लिए काफी नहीं है।

<u>योग और आयुर्वेद</u>

योग व्यक्तित्व का विकास करता है। जब हमारा दैनिक कार्य आरम्भ होता है तो वस्तुतः हमे दो तरह की थकान महसूस होती है।

1. शारीरिक थकान
2. मानसिक थकान

शारीरिक अवस्था को आराम देने के लिए हमे इसे पांच भागों में विभाजित कर सकते है।

यम, नियम, प्रत्याहार, प्राणायाम तथा, आसन मानसिक विश्राम के लिए हमे इसे तीन भागों में विभाजित करते है।

1. ध्यान धारण तथा समाधि

उपरोक्त योगाभ्यासों के सहारे, मधुमेह का नियंत्रण आसान हो जाता है क्योंकि जीवन में क्रियाशीलता इसका मूल उपाय है। यदि व्यक्ति शारीरिक श्रम, प्रातः भ्रमण तथा संतुलित आहार का नियमित अभ्यास करे तो उसे इस रोग को संतुलित करने में ज्यादा परेशानी नहीं होती। ध्यान धारण तथा समाधि प्राचीन योगाभ्यास का रामबाण सूत्र है।

.... कई आसान और प्राणायाम है जिनसे मधुमेह नियंत्रित होता है इनमें प्रमुख निम्न है।

1. मंडूक आसन

इस आसन से पिŸाशय, गॉल ब्लैडर, तथा दोनों गुर्दे अधिक क्रियाशील हो जाते है।

2. अनुलोम विलोम:पदमासन लगाकर बैठक अपनी तर्जनी एवं मध्यमा उंगली को हथेली की ओर मोड़े अब अंगूठा तथा अनामिका और बाए नथुने की ओर रहेगी। अंगूठे से दाहिने नथुने को बन्द रखें और बाएं नथुने से सांस अन्दर ले जाएं, इसी प्रकार दूसरे नथुने को बन्द कर जितने समय में सांस अन्दर लिया गया हो उसके दोगुने समय में बाहर की ओर छोडे। इस प्रकार अनुलोम-विलोम एक नथुने से सांस लेकर दूसरे से छोड़ने और इसके ठीक विपरीत दूसरे से सांस लेकर छोडने से एक क्रम पूरा हुआ।

रोग के उपरान्त पुनः निरोगी होना ही इस पुस्तक की सार्थकता है। संतुलित आहार, सही सान-पान, सही दिनचार्या का पालन करते हुए कोई भी व्यकित मधुमेह होते हुए भी अपनी शारीरिक क्षमता को सही बनाए रख सकता है।

आयुर्वेद की यह कल्पना है कि सही निदान एवं उपचार से जटिल से जटिल रोगों को समूल नष्ट किया जा सकता है इस व्याधि में अपने रक्त शर्करा के स्तर को तथा मूत्र में रक्त शर्करा की जाँच की तालिका समयबद्ध तरीके से बनाए रखना चाहिए। जाँच के परिणाम के आधार पर ही दवा का प्रयोग तथा व्यायाम द्वारा इस बीमारी पर प्रभावी नियंत्रण सम्भव होगा। मधुमेह का रोगी वैसे तो स्वयं ही इतना अभ्यस्त हो चुका होता है कि उसे रक्त शर्करा बढ़ने या कम होने का आभास स्वयं हो जाता है परन्तु समुचित जाँच द्वारा एक निश्चित स्थिति में पहुँचा जा सकता है। नाश्ते में सत्तू अंकूरित मूंग, चना, जौ तथा सोयाबीन लेने से निश्चय ही रक्त शर्करा की मात्रा को कम कर सकते हैं। प्रायः माटे अनाज को आटे के रूप में प्रयोग एवं प्रचुर मात्रा में आटे में सोयाबीन को मिलावट कर पिसवाने में रक्त शर्करा पर अंकुश लगाया जा सकता है।

इस प्राणायाम से बहत्तर करोड़ बहŸÿर लाख दस हजार दो सौ रक्त नाड़ियां परिशुद्ध हो जाती है। सम्पूर्ण नाडियों की परिशुद्धि होने से देह पूर्ण स्वस्थ कांतिमय तथा शरीर स्वस्थ हो जाता है। इस प्रकार अनुलोम विलोम प्राणायाम मधुमेह में लाभकारी होता है।
मंडूक आसन से भी मधुमेह में लाभ मिलता है

कपालभांति योगाभ्यास से भी मधुमेह को नियंत्रित करने में काफी सहायता मिलती है। मधुमेह पर नियंत्रण बहुत कुछ मरीज की जागरूकता पर निर्भर करता है। समय-समय पर आवश्यकता रक्त परीक्षण मूत्र परीक्षण एवं स्वयं की दशा से इसका अधिक या कम होने का अहसास भी हो जाता है।

बढ़ता चीनी का उपयोग

हमारे देश में मध्यम वर्ग तथा धनी वर्ग केवल एक मामले में समान माने जा सकते है। यह दोनों वर्ग चीनी इस्तेमाल करने में एक दूसरे से आगे है। वर्षो से मीठे की चाहत इनके दिलों पर राज कर रही है सॉफ्टड्रिंक से लेकर नास्ते तक में चीनी शामिल रहती है जितने हेल्थ प्रोडेक्ट है इन सब में चीनी का प्रचुर मात्रा में प्रयोग किया जाता है। मीठे के मामले में भारत विश्व का सबसे बड़ा उपभोक्ता और दूसरा सबसे बड़ा उत्पादन कर्ता देश है। अब समय आ गया है कि लोगों को अधिक चीनी उपयोग से होने वाले नुकसान के बारे में जनमानस को आगाह किया जाए। हमारा राष्ट्र विश्व में मधुमेह (डाइबिटीज) की राजधानी बन गया है और अब २०५० तक इसमें रहने वाले लगभग 7 करोड़ लोगों को डाइबिटीज होने की आशंका है। यह मर्ज बदलते लाइफ स्टालाइ के कारण न होकर तैयार खाना और अधिक मात्रा में कोल्ड ड्रिंक/सॉफ्टड्रिंक लेने के कारण अधिक फैल रहा है। चीनी में किसी भी प्रकार के विटामिन तथा मिनरल नहीं होते इस के विपरीत इसका उल्टा असर हमारे प्रतिरक्षण तंत्र पर पड़ता है।

चीनी का प्रयोग

डॉ. कैलोसि डॉन ने अपनी मशहूर पुस्तक "शुगर प्लेजर ऑफ प्वाइजन" में लिखा है कि चीनी की मांग दिनों-दिन बढ़ रही है जिसके चलते लोग दिनों-दिन डाइबिटीज हाइपोग्लाइकेमिया, हाइपरएक्डबीटी और दिल की बीमारियों से ग्रस्त हो रहे है। इससे अलग नार्वे में एक अध्ययन से यह भी पाया गया है कि युवाओं में अधिक मीठा खाने से मानसिक समस्याएं अधिक बढ़ गई है। अधिकांश युवा कोल्ड ड्रिंक के जरिए अपने रक्त में चीनी की मात्रा बढ़ा रहे है। चीन, भारत, वियतनाम तथा थाईलैण्ड और दूसरे अन्य एशियसई देशों में साफ्ट ड्रिंक बहुत प्रचलित हो गई है। डॉ. डीन ने इस बात का विश्लेषण किया है कि किस प्रकार मीठे की खपत दिनों-दिन बढ़ती जा रही है। कुछ प्रकार के कैचअप में भी अधिक मात्रा में शर्करा का प्रयोग किया जाता है और यह मध्यम वर्गीय परिवारों में बहुतायत से प्रयोग किया जाता है। यदि मिल्ककेक का प्रयोग किया जाता है तो आपको जानकर आश्चर्य होगा कि इसमें लगभग 20 चम्मच चीनी का प्रयोग किया जाता है मिठाई के एक नग में कम से कम 8 चम्मच चीनी पड़ती है। डॉ. डीन ने अपनी पुस्तक में एक न्यूट्रीशियन-एस्थाथेलर और सासवास द्वारा किए गए अध्ययन का भी उल्लेख किया है जिसमें 800 स्कूलों के दस लाख बच्चों पर शोध किया इसमें 7 वर्षों तक इन सभी बच्चों को मीठे से दूर रखा गया। शोध कर्ताओं ने पाया कि उनकी याद करने की क्षमता में अन्य बच्चों की तुलना में 15.7ः अधिक बढ़ोŸारी हुई पहले इनमें से 1,24000 बच्चें गणित एवं व्याकरण में कच्चे थे लेकिन 75000 बच्चे अपनी आहार प्रक्रिया में परिवर्तन करके अपनी क्षमता बढ़ाने में सफल हो गए। अब यह स्पष्ट है कि क्यों चीनी उद्योग विश्व स्वास्थ्य संगठन (W.H.O.) को सेहत पर चीनी के दुष्प्रभाव से सम्बन्धित इस प्रकार के चैकाने वाले अध्ययन सार्वजनिक करने से रोकने में प्रयत्नशील है।

भारत में चीनी का प्रयोग निर्वाधसप से बढ़ रहा है। सन् 1960 में इसका उपयोग 5.3 कि.ग्राम प्रतिव्यक्ति भी और यह खपत 2006 में 18 किलोंग्राम प्रतिव्यक्ति प्रति वर्ष तक पहुँच गई है और आश्चर्चय बात है कि जो देश विश्व में डाइबिटीज की राजधानी बन गया है वह स्थित की

गम्भीरता को समझने से इन्कार का रहा है।

यह पूरे विश्वास से कहा जा सकता है कि जब 2008 में चीनी उत्पादन अपनी चरम सीमा पर था तब चीनी का उपयोग 20 किलो ग्राम प्रति व्यक्ति प्रति वर्ष रहा होगा। यह विडम्बना ही कहा जाएगा कि सामान्य लोगों की ज्यादा परवाह नहीं किया जाता इसलिए हमे शहरी क्षेत्र के लोगों पर एक अध्ययन पर ध्यान देना होगा। पंजाब में चीनी की खपत 72 कि.ग्राम प्रतिवर्ष प्रति व्यक्ति है तथा यही हरियाणा में 70 किलों प्रति व्यक्ति वार्षिक है। देश के बाकी हिस्सो में महाराष्ट्र तथा केरल में 42 किलों प्रति व्यक्ति प्रति वर्ष तथा गुजरात में 41 किलों प्रति व्यक्ति प्रतिवर्ष है। उत्तर प्रदेश में 36 किलो ग्राम प्रति व्यक्ति प्रतिवर्ष तथा तमिलनाडु में 30 किलों प्रति व्यक्ति प्रतिवर्ष है। आदर्श रूप में कही भी चीनी की खपत 25 किलों प्रति व्यक्ति प्रतिवर्ष नहीं है। अब समय आ गया है कि इस महामारी से लड़ने के लिए हमे स्वयं तथा समाज को इसके अधिक उपयोग से होने वाली डाइबिटीज के बारे में जागरूतक करना होगा। सफेद चीनी की जगह गुड़ का अधिक प्रयोग अपेक्षाकृत कम हानिकारक है। आयुर्वेद में गुड को एक दवा के रूप में प्रयोग किया जाता था। यह रक्त को साफ करता है तथा बीमारियों से बचने में सहायक होता है। जो व्यक्ति प्रदूषित कारखानों में कार्यरत हो उन्हें गुड की कुछ मात्रा प्रतिदिन खाने के बाद प्रयोग करना चाहिए। खाने में सॉफ्ट ड्रिंक, कोल्ड ड्रिंक के बजाय हरे शाक सब्जी तथा ताजे फलों का उपयोग करना चाहिए। बच्चों को चीनी से होने वाली हानियों के प्रति भी सावधान करना चाहिए। इस सन्दर्भ में चिकित्सकों की भूमिका अत्यन्त महत्वपूर्ण है। यह कहा भी गया है कि बयाव चिकित्सा से कहीं बेहतर है। समस्यायें में यौन रोग 30 से 35% व्यक्तियों का चर्म रोग सम्बन्धित परेशानियों का सामना मधुमेह रोगी का करना पड़ता है साथ ही नाखूनों की खुजली उंगलियों के बीच की खुजली तथा जंघाओं के किनारे का अतिक्रमण प्रमुख है। इन सभी प्रकार की त्वचा सम्बन्धी बीमरियों में एंटीफंगल क्रीम अच्छा कार्य करती है। इस त्वचा सम्बन्धी Infection में रोगी को योनि जननेंद्रिय में स्रजन हो जाती है और इनें हल्की खुजली

होने लगती है।

यौन सम्बन्धी जटिलताएं भी इस बीमारी में प्रमुख है जैसे नपुंसकता, इस बीमारी में रेटिना (पुतली) (नेत्र सम्बन्धी समस्या) तथा उक्त रक्त चाप शामिल है।

मधुमेह में गुर्दे की समस्या

डाइबिटीज ही प्रमुख बीमारी है जो सीधे-सीधे गुर्दों को फेल कर सकती है। देखा गया है प्रतिवर्ष बहुत से लोग गुर्दे बदलवाते है और इनको डाइलेसिस पर रहना पड़ता है बहुत से लोगों में गुर्दे की इस समस्या का मुख्य कारण मधुमेह का काबू में न होना है। उच्च मधुमेह में गुर्दे में बदलाव आने लगता है इसके कारण मूत्र में प्रोटीन आने लगती है मूत्र में कुछ एल्बूमिन की उपस्थिति यह दर्शाती है कि अब का गुर्दे संक्रमण काल आ गया है। यदि रक्तचाप तथा रक्त शर्करा संतुलित रहे तो गुर्दे की बीमारी की समस्या से बचा जा सकता है। तीन से पाँच वर्षों तक यदि रक्त शर्करा को नियंत्रित रख सकें तो गुर्दे का खराब होने से बचाया जा सकता है। यदि रक्त शर्करा उच्च रहा तो ज्यादा प्रोटीन मूत्र में आने लगेगी और यही गुर्दो के संक्रमण की शुरूवात होगी।

लक्षणः आखों की सूजन, पैरों का सूजन, उल्टी मिचली, घबराहट, भूख का न लगना, सर दर्द और कमजोरी, उच्च रक्तचाप के कारण तथा पेशाब का बार-बार होना इसके प्रमुख लक्षण है।

गुर्दा संक्रमण से बचाव

1. रक्त शर्करा संतुलित रखे
2. बिना विशेषज्ञ की सलाह कोई दवा न लिया जाए।
3. लगातार खून की जाँच हो ताकि गुर्दे के संक्रमण का पता चल सके
4. धूम्रपान पूर्णतः बंद हो।

डाइबिटीज में आपातकालीन स्थितिः-

1. हाइपर ग्लाइसीमिया का रोगी बहुत अधिक रक्त शर्करा से मरीज

बेहोशी की हालत में चला जाता है।

2. हाइपो ग्लाइसीमिया:- निम्नस्तर रक्त शर्करा में भी अचेतावस्था आ जाती है।

अधिक रक्त शर्करा में निम्न रक्त शर्करा में

(HyperGlycemia) (HypoGlycemia)

अधिक प्यास लगना ज्यादा पसीना आने से सिर दर्द

बराबर पेशाब लगना तथा मूत्र में शर्करा गायब होना

त्वचा का शुष्क होना Test For Ketone - IV

पेशाब में ज्यादा मात्रा में शर्करा का आना शकर का शर्बत पिलाते ही मरीज सामान्य हो जाता है।

रक्त शर्करा (Ketone)+IV का निगेटिव

पाजिटिव होना

अत्यधिक कमजोरी

डदर शूल

गहरी सांस चलना

डाइविटीज की कुछ प्रमुख औषधियां (ऐलौपैथिक)

1. डाइबिनीज टैब - 100 - 250mg
2. रैस्टीनान टैब - 500 mg
3. डायोनिल - 2.5 to 5mg
4. यूग्लूकोन - 2.5 to 5mg
5. इटानीज - 5mg Tab
6. ग्लाइनीज - 5mg Tab
7. डाइमीकुन - 20mg Tab
8. ग्लाइनिड - 20mg Tab
9. डाइविड - 20mg Tab
10. ग्लाइकोमेट - 500mg Tab
11. ग्लाइसीफज - 500mg Tab
12. डाइफेज - 500mg Tab
13. डी.वी.आई. - 25mg कैप्सूल

14. डी.वी.ओईई.टी.डी. - 50mg कैप्सूल

उपरोक्त के अनुसार दी गई tabजरूरी नहीं कि सभी मरीजों में एक जैसा लाभ पहुँचाए। इसलिए हमेशा डॉक्टर सलाह सर्वोपरि मानते हुए अपनी औषधियों की मात्रा एवं नाम परिवर्तित औषधियों को लिया जाए। 40 वर्ष से अधिक आयु वाले रक्त शर्करा से पीड़ित व्यक्ति ही औषधि लें।
3. कम समय से मधुमेह रोगी भी ये दवाएं ले सकते हैं।
4. यह बच्चे के लिए वर्जित है।

साइड इफेक्ट-उपरोक्त औषधियों के कुछ विसंगत परिणाम स्वरूप शर्करा का कम हो जाना पूरे शरीर में खुजली, जीमिचलाना उल्टी होना, अपच, गैस बनना तथा बेहोशी आदि हो सकते है। हमेशा याद रखें यदि व्यायाम, आहार परिवर्तन और परहेज के बाद भी रक्त शर्करा कम नहीं हो रही हो, तो गोलियों का प्रयोग किया जा सकता है। हमेशा औषधियां कम मात्रा में प्रयोग करना चाहिए यह टैबलेट के अनुसार नास्ते के आधे घंटे पूर्व या भोजनोपरान्त लिया जा सकता है। कभी भी एल्कोहल के साथ इन औषधियों को नहीं लेना चाहिए।
घातक बीमारियों की हालत में इन दवाओं का प्रयोग नितांत वर्जित है। जैसे गुर्दे को खराब होने या हृदय रोग आदि में। इन हालात में दवाएं काफी खतरनाक हो सकती है।
उपरोक्त निदेर्शों का अनुपालन करना तथा सामान्य जीवन यापन करना प्रत्येक डाइबेटिक का ध्येय होना चाहिए और यह हमेशा याद रखना चाहिए कि मधुमेह एक ऐसी खामोश हत्यारी बीमारी है जो शायद किसी मायने में कैंसर तथा अन्य घातक बीमारियों से कम नहीं है। पुस्तक द्वारा यह जनमानस को जागृत कराने तथा इसे उद्देश्य की पूर्ति के लिए कि सभी लोग सुखी हों, सभी लोग निरोग रहें हमारी सभी के प्रति कल्याणकारी सोच हो, और इस संस्कार में कोई दुखी न हो। शरीर के चारों पुरुषार्थ, धर्म, अर्थ, काम, मोक्ष की प्राप्ति हेतु शरीर का निरोगी रहना परम आवश्यक है। आयुर्वेद के मतानुसार आहार, निद्रा और ब्रह्मचर्य के व्रतों का पालन करते हुए मनुष्य सौ वर्ष के सुखी जीवन

की परिकल्पना कर सकता है ऐसा मनीषियों का विश्वास है।

www.ingramcontent.com/pod-product-compliance
Lightning Source LLC
LaVergne TN
LVHW041549060526
838200LV00037B/1205
9781637817315